www.ingramcontent.com/pod-product-compliance
Lightning Source LLC
Chambersburg PA
CBHW031249050326
40690CB00007B/1027
* 9 7 8 1 7 9 4 7 3 9 3 9 0 *